SECTION DE BRUTUS.

DISCOURS

PRONONCÉ

A LA SECTION DE BRUTUS,

PAR LE CITOYEN CHARDIN,

Commandant en chef de la force armée
de la Section de Brutus;

Dans le temple de la Raison et de la
Vérité, décadi 10 Ventose, l'an
2e. de la République Française, une
et indivisible.

Imprimé par ordre de l'Assemblée générale de la Section.

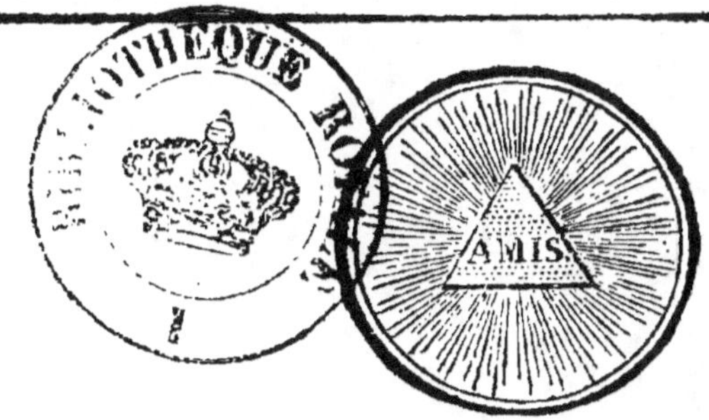

A PARIS,

DE L'IMPRIMERIE DE LA SECTION DE BRUTUS,
Rue S. Fiacre, N°. 2.

L'AN 2e. DE LA RÉPUBL.

DISCOURS

Prononcé par CHARDIN, Comman‑
dant en chef de la Force armée
de ladite Section, le décadi 10
Ventose, l'an 2e. de la République
Française, une et indivisible; dans
le Temple de la Raison et de la
Vérité, lieu de ses séances.

CITOYENS, FRERES ET AMIS,

Autrefois des imposteurs habiles venoient
dans ces tribunes prononcer d'un ton sain‑
tement hypocrite des discours appris avec
art, et parant des fleurs de l'éloquence, les
erreurs grossieres qu'ils avoient intérêt de

A 2

propager, ils parvenoient sans peine à s'emparer de nos facultés morales et à nous rendre les imbéciles esclaves de leur fanatisme et de leurs passions.

Aujourd'hui, si nous nous réunissons dans ce Temple, ce n'est plus que pour y parler et entendre le langage de la vérité, pour faire retentir ses voûtes de nos hymnes patriotiques, et rendre un hommage pur à la Divinité, à la Raison, et à la Vertu.

Le tems des prestiges est passé, la Liberté rayonnante de lumieres a dissipé les nuages épais que l'orgueil et le mensonge avoient amoncelés autour de nous; nos yeux débarrassés du bandeau fatal de la superstition, ont vu avec yvresse l'éclat d'un jour si beau, et son aurore nous a donné une existence nouvelle; tel l'astre majestueux dont la présence embellit l'univers, voit à son lever toute la nature lui sourire, et ne termine sa carriere qu'après avoir développé tous les germes de la fécondité.

Examinons ensemble, freres et amis, les maux qui nous accabloient avant la Révolution, les biens inappréciables que la Liberté et l'Égalité nous assurent, et nous nous convaincrons plus que jamais, qu'il n'est pas de sacrifices que nous ne devions faire pour nous en assurer la possession tranquille et durable.

Dans le tems où ce vaste empire fut fondé, nos peres étoient encore barbares, et par conséquent incapables de se donner une Constitution et des loix. Ils choisirent parmi eux un vaillant soldat qu'ils proclamerent leur chef, pour les conduire aux combats C'est ainsi que s'est élevé en France le trône des rois : usurpé tour-à-tour par ces monstres ambitieux, avides de despotisme, qui fut pour nos ancêtres une source intarissable de guerres, dans lesquelles il répandoient leur sang pour se donner ou se conserver des maîtres, et pendant plus de 13 siecles nous avons oublié nos droits, et nous n'avons pas même songé à détruire l'idole que l'ignorance avoit stupidement élevée.

Nous n'avons été, pour ainsi dire, qu'une horde sauvage, sans organisation sociale, puis que le gouvernement sous lequel nous vivions n'étoit point notre ouvrage, et n'offroit à tous les peuples qu'une réunion d'esclaves enchaînés, accoutumés d'obéir aux volontés d'un seul homme, que le hasard plaçoit à leur tête. Nos tyrans, possesseurs paisibles du pouvoir arbitraire, ont bientôt oublié leur misérable origine, en appésantissant sur nous un sceptre d'acier, avec d'autant plus d'audace qu'ils se croyoient à l'abri des revers, et que leurs perfides ministres, dans leur délire effréné, étoient assez déterminés pour leur faire dire qu'ils ne tenoient *leur couronne que de Dieu seul; que le droit de faire des loix, leur appartenoit à eux seuls, sans dépendance, et sans partage.* (*)

C'est ainsi que la moitié du dernier siècle et le commencement de celui-ci, nous avons vu un animal qu'on nommoit autrefois roi, dévoré d'ambition et d'orgueil, prodiguer tout à la fois, l'or et le sang des Français, pour satisfaire sa vaine gloire, s'entourer à grands frais des sciences et des arts, pour célébrer son vain nom, vanter ses exploits, ne chercher que son illustration personnelle, en rendant le génie tributaire de ses dons et de ses caprices, rendant tous les hommes petits et misérables, pour paroître grand et sans pareil, et sacrifier les générations fu-

---

(*) Voyez *l'Ami des Loix*, édition d'Hollande, imprimé en 1771, in-8°.

tures à ses criminelles prétentions d'im-
mortalité.

Son successeur fut proclamé dans cet âge tendre, où il sortoit à peine du sein qui l'avoit nourri, et ce fut au nom d'un enfant que nous fumes gouvernés pendant sa minorité. Un homme, dont le souvenir rappele celui de toutes les débauches, même contre la nature ; cet être, assemblage de tous les crimes, eut alors entre les mains les rênes de l'état ; sa cour, composée de ces Camé-léons, toujours prêts à changer de forme et de couleur, pour flater, encourager, et même faire éclore les vices de leurs maîtres, devint une école de dissolution et de libertinage, et celui qui avoit hérité de l'usurpation et du vol de ses ancêtres, étoit déjà corrompu par le souffle empoisonné de ses vils flatteurs prosternés à ses pieds, et la contagion de l'exemple, lorsqu'il eut atteint l'âge où il de-voit jouer lui-même un rôle, fut à son comble ; il fut entouré de ministres pervers ; les reve-nus publics, fruit des sueurs du peuple, levé depuis des siècles, furent insuffisans ; l'esclavage et la misere, héritage précoce du désordre, combla le gouffre. Ce vil as-semblage de valets de cour, ne trouva de ressource qu'en carresant les passions de leur nouveau maître ; et à cette époque, ils l'entourerent d'un serrail de concubines et de prostituées, et le denier du pauvre lui fut enlevé pour accroître l'abîme, et payer les plaisirs honteux de l'homme machine.

Il étoit difficile de satisfaire aux crapuleux libertinages d'un troupeau de sultanes, et d'alimenter en même tems la rapacité des vampires d'état, sans accroître nos maux ; ce n'étoit rien encore, une calamité plus terrible nous menaçoit, l'œuf du crime étoit éclos, et nous avons vu paroître Antoinette, cette nouvelle Médicis que l'enfer et l'Autriche ont vomi au milieu de nous, en nous apportant la collection innombrable des crimes qu'elle avoit puisés et succés dans le flanc de la louve qui l'avoit fait naître, ce tort de la nature a comblé la mesure de tous les forfaits.

Son indigne époux, Louis le dernier, secondant sans pudeur tous ses affreux penchants, permit à ses ministres d'épuiser les ressources de l'état pour satisfaire ses déréglemens, ceux de ses frères, et ceux de tous les monstres qui les entouroient, et pour cet effet rien ne fut épargné.

Le peuple fut surchargé d'impôts, d'emprunts ordonnés sans mesure , multipliés chaque année d'une manière effrayante , et toujours sans succés. Les excés d'une cour livrée à la débauche , achevèrent de creuser le gouffre où nos finances se sont englouties depuis.

C'est alors que sortant de l'état de stupidité , de la léthargie profonde dans laquelle nous étions ensevelis , c'est alors , dis-je , que nous avons éprouvé le besoin de nous sauver nous-mêmes.

Le vouloir et le faire, furent l'ouvrage d'un instant; nos droits, trop long-tems oubliés, ont été reconnus ; une nouvelle énergie nous a rendu le sentiment de nos forces, et nous les avons employées à briser les chaînes dont le despotisme nous accabloit. Nos têtes blondes, brunes et grises ont secoué le joug sous lequel elles étoient humiliées, nous avons enfin repris la dignité qui nous appartenoit, parce que nous l'avions reçue de la nature, et nos premiers vœux, nos premiers efforts ont tendu vers la liberté. Le despostisme nous a attaqués de toutes parts, il a été vaincu, anéanti et détruit. Guerre, sans fin, à toutes les nations qui ne reconnoîtront la légitimité et les droits de l'égalité du plus grand peuple de l'Univers.

Le vice féodal, qui tenoit asservi jusqu'à la terre qui nourrit tous les êtres, est brisé en poudre, déchiré en lambeaux, et nous avons rendu à l'agriculture opprimée et aux arts, l'indépendance qui lui est nécessaire pour forcer en quelque sorte la nature à multiplier ses richesses : éclairés du flambeau de la raison nous avons vu combien étoient futiles ces vains hochets inventés par les despotes, pour préparer les simples, flatter l'orgueil de leurs premiers esclaves, et soutenir leur abusive puissance.

Enfin, les Républicains révolutionnaires, armés d'un foudre mille fois plus terrible que celui du Vatican, nous avons frappé le *clergé*, nous leur avons dit : Prêtres, disparoissez, les hommes pervers qui prêchent la pauvreté au sein de l'opulence et des richesses; la tempérance, lorsque vous ne vivez que de débauches; l'abnégation de soi-même, lorsque l'ambition vous dévore, lorsque vous recherchez sans cesse le vain titre des prétendues dignités sociales, et lorsqu'enfin vous ne vous croyez jamais assez puissans pour satisfaire les désirs déréglés de votre égoïsme, et maintenir dans le sein de toutes les voluptés, votre inutile existence, dont le poids fatigue depuis trop long-tems l'Univers, vous avez prêché des dogmes, auxquels vous n'ajoutiez pas foi, les erreurs que vous avez propagées sont votre ouvrage, la sainte philosophie nous a éclairés, nous avons vu vos mensonges , et votre règne n'est plus de ce monde.

Il falloit, Citoyens, que celui de la raison détruisît celui de la chymère, et ramenât enfin parmi nous celui de la liberté et de l'égalité pour jouir des droits imprescriptibles que nous tenons de la nature, et affranchir enfin l'espèce humaine des préjugés honteux qui l'avoient jusqu'ici asservie : nous avons opéré cette grande révolution, qui n'en a point de semblable dans les annales du monde; mais il faut, par l'exemple des vertus, la faire aimer, il faut que nous sachions apprécier nos succès, et en profiter. La liberté ne s'acquiert point sans les plus grands sacrifices, sans les plus pénibles efforts. L'homme qui veut en jouir, doit s'oublier lui-même, pour ne songer qu'à elle ; et tant qu'elle est attaquée par les efforts criminels de la malveillance et de l'aristocratie, qui n'est qu'un des suppôts du despotisme, il n'est pas de privations qu'il ne doive s'imposer, pour concourir à la sauver. Son repos, sa fortune, son sang, sa vie elle-même, tout appartient à la patrie, tout doit être employé à sa défense. L'esclave meurt tout entier ; le républicain se survit à lui-même, il existe dans le cœur de ses freres, et sa mort lui prépare des vengeurs.

Réunissons donc tous nos efforts, Citoyens, pour assurer le triomphe de la cause sublime que nous défendons depuis cinq années avec tant de courage et d'énergie. Serrons-nous plus que jamais les uns contre les autres, pour offrir aux despotes coalisés contre notre indépendance, la masse impénétrable contre laquelle viendront se briser leurs ridicules efforts. Que rien ne nous détourne de cette généreuse entreprise.

Vous avez lu l'histoire des révolutions des peuples libres, et vous avez vu qu'aucune d'elles n'avoit été exempte de ces variations, tantôt heureuses, et tantôt affligeantes, qui élevent ou abattent le courage, affoiblissent ou augmentent les espérances des ennemis de la patrie, il est de leur essence d'être exposées au hasard des événemens, mais c'est la persévérance qui détermine leurs succès, et cette surveillance devient plus nécessaire, à mesure que les circonstances semblent plus difficiles ; ce sont comme des nuages qui obscurcissent pour un moment l'éclat d'un beau jour , et lorsqu'ils sont dissipés , le font paroître plus brillant que jamais.

Oui , Citoyens , les jours que la Liberté et l'Égalité nous préparent , seront purs et séreins , et chacun de nous trouvera dans la prospérité publique , la récompense des sacrifices qu'il aura faits pour la conquérir et la rendre inaltérable.

Les Romains , ce peuple jaloux de sa liberté jusqu'à la fureur, ont pendant une longue suite d'années combattu pour elle, ils ont joui de tous les avantages qu'elle procure , leur splendeur et leur gloire ont été souvent l'objet de nos désirs et de nos vœux ; cependant les Romains n'ont jamais été aussi libres que nous le serons , il existoit parmi eux une caste privilégiée, maitresse des emplois de la République , ils avoient des intérêts opposés ; moins occupés du bonheur de l'état que du plaisir d'exercer un immense pouvoir et de défendre sa puissance aristocratique contre l'énergie toujours renaissante des Plébéiens.

Pour nous au contraire , nous ne formons qu'une grande famille, dont tous les membres sont égaux à leurs propres yeux comme à ceux de la Nature. Le meilleur citoyen, l'homme le plus vertueux, le défenseur le plus zélé des intérêts du peuple, celui qui réunit la probité aux talens, obtient les dinstinctions que notre choix lui défere, et en le mettant à portée de servir sa patrie, nous ne faisons que rendre hommage au mérite et à la vertu. Le chemin à toutes places nous est ouvert; mais c'est par une noble émulation que l'on peut être utiles à la République, que nous devrons chercher à mériter son estime. C'est de ce concert heureux d'efforts, que naîtra enfin le salut de notre patrie. Les mœurs, qui sont son plus ferme appui, et les grandes actions qui répandent sur elle un éclat immortel, sont les causes secondes qui doivent nécessairement leur succéder, en entretenant dans nos cœurs; l'amour sacré de la patrie; c'est par cet accord que nous vivifierons pour elle tout ce qui nous environne, et que nous offrirons à l'Uninivers étonné le spectacle imposant d'une grande nation libre plus qu'aucune ne le fut jamais. C'est sous ces différens rapports que je vous invite de dire avec moi, *vive la République, et qu'elle soit éternelle.*

L'Assemblée générale, après avoir entendu le Discours prononcé par le Citoyen CHARDIN, Commandant en chef de la Section, en approuve les principes et en arrête l'impression et l'envoi aux autorités constituées, aux 47 autres Sections, et aux Sociétés populaires. Arrêté en Assemblée générale, ce 10 Ventose, an 2e. de la République, une et indivisible.

DESPREAUX, *Président.*

RAIBAUD, *Secrétaire.*

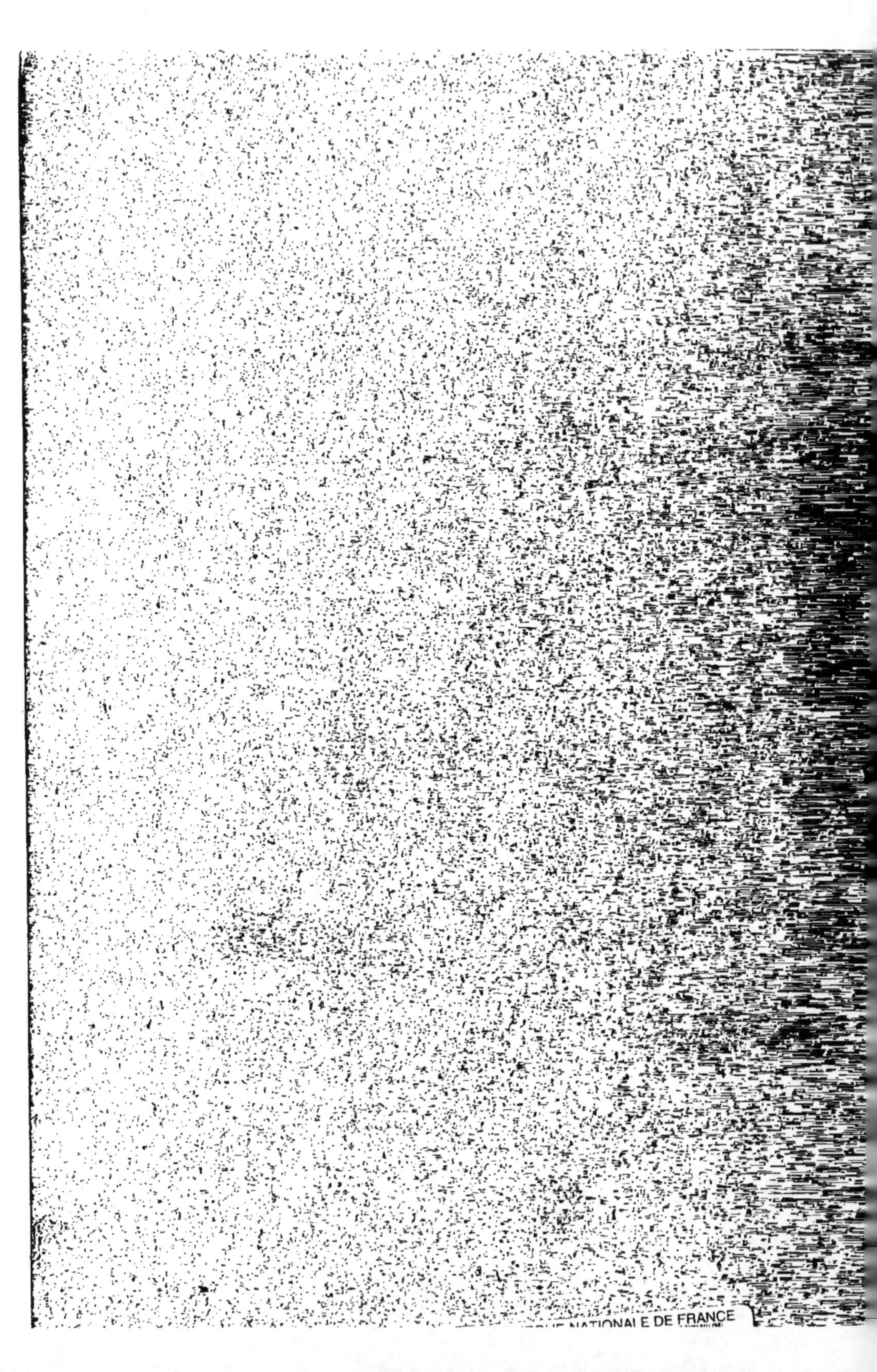